Das 3-Minuten-Gedächtnis-Wunder

Wie Sie mit diesen genialen Tricks
Ihre Merkfähigkeit verdoppeln
und Neues zweimal so schnell lernen!

Impressum

1. Auflage 2016

Herausgegeben von: FID Gesundheit & Familie, einem Unternehmensbereich der FID Verlag GmbH, Koblenzer Str. 99, 53177 Bonn

www.fid-verlag.de oder www.fid-gesundheitswissen.de
www.Geistig-FIT.net

Geschäftsführer: Daniela Birkelbach, Helmut Graf,
Hans Joachim Oberhettinger

Herausgeber: Simon Höcky

Produktmanagement: Patrick Ventur

Chefredaktion: Dr. Markus Numberger

Gutachter: Christine Schmatloch

Layout und Satz: TiPP 4 GmbH, Rheinbach

Druck: Druck & Verlag Kettler GmbH, Bönen/Westfalen

Bilder: Fotolia.de, Wikipedia.com

ISBN: 978-3-95443-071-0

Inhalt

Dr. Markus Numberger
Neurobiologe und Autor

Vorwort

Können Sie sich an Details gut erinnern? Haben Sie ein gutes Gedächtnis? Oder verlässt Sie Ihr Gedächtnis genau dann, wenn Sie es besonders dringend brauchen? In diesem Buch verrate ich Ihnen, was Sie für ein gutes Gedächtnis tun können. Außerdem gebe ich Ihnen praktische Merk-Tipps für den Alltag, mit denen Sie sich wichtige Dinge leichter einprägen können. Sie werden sehen, wie einfach das geht, wie hilfreich das ist und wie viel Spaß es macht.

Geistiger Abbau schon ab 24?

Nach einer Studie an über 3.000 Video-Spielern behaupten kanadische Wissenschaftler, dass der geistige Abbau bereits im Alter von 24 beginnen soll! Sie maßen allerdings nur die Reaktionszeit der Probanden. Die mentale Leistungsfähigkeit eines Menschen drückt sich aber in viel mehr Aspekten aus: Denken, Kreativität, Problemlösung, Konzentration und natürlich im Gedächtnis.

Auch das reife Gehirn hat Potenziale

Natürlich verändert sich das Gehirn im Alter. Doch auch das alte Gehirn hat noch das Potenzial, neue Nervenzellen und neue Verknüpfungen zwischen den Nervenzellen zu bilden. Ja, wir besitzen auch kognitive Fähigkeiten, die mit zunehmendem Alter nicht schlechter, sondern sogar besser werden!

So schreibt der bekannte deutsche Hirnforscher Prof. Dr. Ernst Pöppel in seinem Buch *Je älter desto besser: Überraschende Erkenntnisse aus der Hirnforschung*: „Zwar sind in der Regel jüngere Gehirne den älteren in puncto Schnelligkeit beim Lernen, Denken und Reagieren voraus. Ältere gleichen das aber durch Zugewinne auf anderen Gebieten mehr als aus: größere Gründlichkeit und besserer Rhythmus bei der Denkfähigkeit, beim Abrufen und Anwenden der im Gedächtnisspeicher vorhandenen Erfahrungen sowie eine bessere Selbstreflexion."

Klugheit, Scharfsinn, Weltgewandtheit, Charisma, Kompetenz und Reife, all das sind Tugenden, die sich Ältere über Jahrzehnte hart und diszipliniert erarbeitet haben und in denen sie den Jüngeren meist voraus sind.

Leider ist jedoch das Gedächtnis eine der Gehirnleistungen, die mit zunehmendem Alter deutlich nachlassen – es sei denn, Sie tun etwas dagegen!

Auf Grundlage der neuesten wissenschaftlichen Erkenntnisse zeige ich Ihnen in diesem Buch, wie Sie es schaffen können, lange Geistig FIT zu bleiben. Zum Beispiel lernen Sie, wie Sie Gedächtnisprobleme kompensieren oder gar nicht erst auftreten lassen. Und im letzten Kapitel gebe ich Ihnen zehn Ratschläge, wie Sie Ihr Gehirn und Ihr Gedächtnis fördern können und was Sie besser vermeiden sollten.

Ich wünsche Ihnen viel Spaß!

Dr. Markus Numberger

1. Unser Gedächtnis – was sollten Sie darüber wissen?

Lässt Sie Ihr Gedächtnis in den letzten Jahren auch immer häufiger mal im Stich? Dagegen können Sie etwas tun und Ihr Gedächtnis frisch halten. Was ist aber eigentlich dieses „Gedächtnis"? Und wie funktioniert es? In diesem Kapitel zeige ich Ihnen, wie unser Gedächtnis eingeteilt wird und wie es arbeitet. Mit diesen Informationen im Hinterkopf werden Sie die späteren Kapitel besser verstehen.

Das Gedächtnis kann mit zunehmendem Alter deutlich nachlassen. Dagegen sollten Sie etwas tun!

Wie arbeitet unser Gedächtnis?

Jede Sekunde gelangen etwa 10 Millionen Signale in unser Gehirn! Aus diesen muss das Gehirn die bedeutsamen Informationen herausfiltern und richtig verarbeiten. Denn unser Gehirn bzw. unser Gedächtnis kann mit dieser immensen Flut von Informationen und Sinneseindrücken nur sinnvoll umgehen, wenn es zuerst einmal rigide auswählt.

Unser Gedächtnis muss also insgesamt vier Leistungen erbringen:

- Sortieren und auswählen der Reizinformationen nach „bekannt" und „unbekannt", „wichtig" und „unwichtig",
- einprägen der ausgewählten Informationen (also ins permanente Gedächtnis überführen),
- dort dauerhaft behalten,
- bei Bedarf wieder abrufen.

Nach den gebräuchlichen Theorien besteht das Gedächtnis aus drei Speichern:

- dem Ultrakurzzeitgedächtnis
- dem Kurzzeitgedächtnis
- dem Langzeitgedächtnis

Das Ultrakurzzeit- oder sensorisches Gedächtnis

Das Ultrakurzzeitgedächtnis (oder sensorisches Gedächtnis) ist die erste Stufe, die die Informationen aufnimmt. Hier läuft alles unbewusst ab, man kann es also kaum beeinflussen. Das Ultrakurzzeitgedächtnis dient vor allem als Speicher für alle Sinneseindrücke. Es kann sehr große Mengen an Informationen speichern, aber nur für sehr kurze Zeit – wenige Millisekunden bis maximal einige Sekunden lang. Neue Informationen verdrängen schnell die alten und nur ein Bruchteil von ihnen wird im (bewussten) Speicher „Kurzzeitgedächtnis" abgelegt.

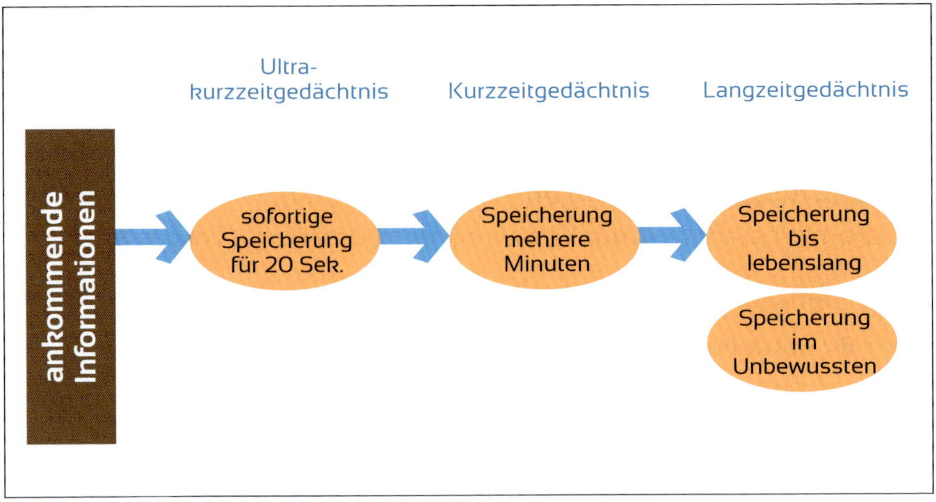

Die drei Arten unseres Gedächtnisses. Erklärung im Text.

Das Kurzzeitgedächtnis

Im Kurzzeitgedächtnis werden Informationen für kurze Zeit bewusst festgehalten.

Das Kurzzeitgedächtnis hat zwei Aufgaben:

1. Es empfängt und nutzt Informationen, die schnell wieder vergessen werden.
2. Es ordnet und festigt Informationen, die in das Langzeitgedächtnis überführt werden.

Informationen im Kurzzeitgedächtnis sind flüchtig. Sie gehen – wenn sie nicht wiederholt werden – nach einigen Minuten wieder verloren. Außerdem kann das Kurzzeitgedächtnis nur eine begrenzte Informationsmenge aufnehmen, nämlich maximal 7 ± 2 Informationseinheiten. Beides ist durchaus sinnvoll, denn andernfalls würde Ihr Gedächtnis eine Unmenge „veralteter" Informationen speichern. Typisches

Beispiel ist eine Telefonnummer, die man gerade lange genug im Gedächtnis behält, um die Verbindung herstellen zu können. Nach dem Telefonat ist es meist unnötig, die Nummer zu behalten. Ihr Kurzzeitgedächtnis vergisst die Nummer wieder und schafft so Raum für neue Informationen.

Aus diesem Grund ist das Kurzzeitgedächtnis auch sehr störanfällig. Nur wenn Sie sich auf etwas konzentrieren, wird es vom Kurzzeitgedächtnis aufgenommen. Sobald Sie jedoch abgelenkt werden, vergessen Sie die ursprüngliche Information wahrscheinlich wieder. Werden Sie beim Wählen der Telefonnummer unterbrochen, weil Sie zum Beispiel jemand etwas fragt, müssen Sie die Nummer vermutlich nochmal heraussuchen. Das Kurzzeitgedächtnis kann sich nicht lange und auf mehrere Dinge gleichzeitig konzentrieren. Wollen Sie also eine Information behalten, müssen Sie jede Ablenkung möglichst ausschalten.

Wegen der begrenzten Kapazität des Kurzzeitgedächtnisses können Sie sich auch nicht mehrere Informationen zur gleichen Zeit merken. Wenn Sie zum Beispiel versuchen, sich gleichzeitig die Telefonnummer und ein paar Informationen aus dem Telefongespräch zu merken, werden Sie mit größter Wahrscheinlichkeit Schiffbruch erleiden. Mehr als die erwähnten fünf bis neun Informationseinheiten sind einfach nicht drin und bei einer Telefonnummer zählt jede Ziffer als eine Informationseinheit.

Das Langzeitgedächtnis

Wenn wir im allgemeinen Sprachgebrauch vom „Gedächtnis" sprechen, meinen wir fast immer das Langzeitgedächtnis. Es speichert Informationen dauerhaft, manches für ein ganzes Leben. Die Größe dieses Speichers kennt niemand genau, aber sie könnte individuell verschieden sein. Man schätzte früher die Kapazität des menschlichen

Gehirns auf 100 Terabyte (also etwa 100 große 1.000-Gigabyte-Festplatten). Ende letzten Jahres jedoch erschien eine Arbeit, die sogar die Wissenschaft erstaunt hat. Danach muss das menschliche Gedächtnis sogar zehnmal größer sein, nämlich sage und schreibe 1 Petabyte; das ist eine 1 mit 15 Nullen! Oder umgerechnet etwa 2 Milliarden Romane mit jeweils 1.000 Seiten!

Im Grunde ist das auch nicht verwunderlich: Allein der „aktive Wortschatz" der meisten Menschen umfasst mehr als 10.000 Wörter. Das sind die Wörter, die ein Mensch nicht nur kennt, sondern mehr oder weniger regelmäßig benutzt. Dazu kommt noch der weit umfangreichere „passive Wortschatz". Also die Worte, deren Bedeutung wir zwar

Die Kapazität des menschlichen Gedächtnisses ist nahezu unbegrenzt. Man schätzt, dass unser Gehirn eine Informationsmenge speichern kann, die 2 Milliarden Büchern á 1.000 Seiten entspricht.

verstehen, von denen wir aber selten oder nie Gebrauch machen. Zählen wir dann noch Erinnerungen, Daten, Fakten, Fremdsprachen und vieles mehr dazu, wird schnell klar: Die Kapazität unseres Langzeitgedächtnisses ist für die menschliche Vorstellungskraft unerschöpflich!

Arten des Langzeitgedächtnisses

Beim Langzeitgedächtnis unterscheidet man zwischen dem:

1. Wissens- und Erfahrungsgedächtnis (deklaratives Gedächtnis)
2. Verhaltensgedächtnis (prozedurales Gedächtnis)

Daten, Fakten und Erlebnisse speichern wir im deklarativen Gedächtnis (Wissens- und Erfahrungsgedächtnis).

Das Wissens- und das Erfahrungsgedächtnis ist für das Faktenwissen zuständig, für Erlebnisse und Erfahrungen, also alles, was man in Worten ausdrücken kann. Im Gegensatz dazu speichert das Verhaltensgedächtnis automatisierte Handlungsabläufe bzw. Fertigkeiten. Beispiele dafür sind Radfahren, Tanzen, Autofahren, Klavierspielen. Also alle komplexen Bewegungen, deren Ablauf man lernen muss und die man dann ohne Nachdenken ausführen kann. Es ist also ein Unterschied, ob Sie eine Fremdsprache pauken oder ob Sie Klavierspielen lernen. In beiden Fällen werden zwei ganz verschiedene Arten von Gedächtnis angesprochen. In diesem Buch geht es hauptsächlich um Ihr deklaratives Gedächtnis. Mit Ausnahme von Kapitel 3.6. Dort stelle ich Ihnen eine brandneue Methode vor, Fertigkeiten doppelt so schnell zu lernen wie bisher.

Für Handlungsabläufe und Fertigkeiten, wie ein Instrument spielen ist das prozedurale Gedächtnis (Verhaltensgedächtnis) zuständig.

2. Ein Gehirn wie ein Rechenkünstler – kann ich das auch?

Als der Rechenkünstler Rüdiger Gamm in der Fernsehsendung „Wetten dass?" vom 27.04.2013 die Zahl 87 zwölfmal mit sich selbst multiplizierte und auf Anhieb die korrekte Lösung lieferte (188 031 682 201 497 672 618 081), wunderte sich so mancher: Wie kann ein menschliches Gehirn so etwas leisten? Und könnte ich das auch, wenn ich nur lange genug üben würde? Oder ist das angeboren?

Die Antwort darauf lieferten Neurowissenschaftler, indem sie mit bildgebenden Verfahren das Gehirn von Herrn Gamm untersuchten, während er Rechenaufgaben löste. Sie fanden heraus, dass der Meister im Kopfrechnen bestimmte Bereiche seines Gehirns als zusätzlichen Arbeitsspeicher nutzt. Im Vergleich zu uns Normalsterblichen sind bei diesem Rechengenie zwei bestimmte Regionen der rechten Gehirnhälfte zusätzlich aktiv, wenn er eine schwierige Rechenaufgabe löst. Normalerweise dienen diese beiden Regionen als Langzeitspeicher für die Erinnerung an besondere Ereignisse, Orte und Situationen. Es handelt sich also um die Orte des Erfahrungsgedächtnisses im Gehirn, die normalerweise für ganz andere Aufgaben dienen. Der Grund für die besonderen Fähigkeiten von Gamm liegt also darin, dass er Teile seines Langzeitgedächtnisses für die Lösung mathematischer Aufgaben „umprogrammiert" hat.

Auch bei anderen Rechengenies hat man inzwischen herausgefunden, dass sie Teile ihres Gehirns zusätzlich nutzen können, die eigentlich für ganz andere Aufgaben zuständig sind. Interessant ist, dass jeder Rechenkünstler dafür jeweils unterschiedliche Gehirnregionen nutzt. Alle genialen Rechen- und Gedächtniskünstler, wie Gamm, finden durch ständiges Trainieren einen Weg, den unbegrenzten Speicherplatz des Gehirns zu nutzen. Nur so ist es ihnen möglich, beinahe unmöglich erscheinende Aufgaben zu lösen.

Rechen- und Gedächtniskünstler haben scheinbar unglaubliche Fähigkeiten. Aber nicht, weil ihr Gehirn besser ist als unseres, sondern weil sie es effektiver nutzen. Das können Sie auch lernen!

Dafür gibt es auch Beispiele aus anderen Gebieten: So können viele Musiker eine Melodie nach nur einmaligem Anhören fehlerfrei nachspielen und gute Kellner merken sich ohne Hilfsmittel die Bestellungen von bis zu 20 Gästen. All diese Künste sind nicht angeboren, sondern der Lohn harter Arbeit und eines Trainings, das im Fall von Gamm täglich bis zu vier Stunden Kopfrechnen umfasst.

Ohne Fleiß kein Preis

Was aber kann „Otto Normalverbraucher" von diesen Untersuchungen an Rechen- und Gedächtnisgenies lernen? Zuerst einmal wissen wir jetzt, dass solche außergewöhnlichen Fähigkeiten nicht einfach

Schicksal oder Talent sind. Diese Leute haben kein anderes Gehirn als wir, sie nutzen es nur intensiver. Und das kann man natürlich lernen. Freilich nimmt es wahnsinnig viel Zeit und Kraft in Anspruch, bis man so rechnen kann wie Rüdiger Gamm, aber das muss ja auch nicht sein. Wenn Sie Tennis spielen können, werden Sie wohl auch nicht gleich Steffi Graf nacheifern wollen. Aber es würde Ihnen schon sehr helfen, wenn Sie von Herrn Gamm und anderen die Erfolgsformel erfahren können, an die Sie sich halten können.

Ich habe Rüdiger Gamm und andere Profis und Experten befragt und immer wieder hat sich das Gleiche herauskristallisiert. Wenn Sie also mental den entscheidenden Schritt weiter kommen wollen und Ihr ganz privates inneres Genie finden möchten, sollten Sie sich diese fünf Regeln zu Herzen nehmen:

Hier die 5 Erfolgsstrategien der Profis:

1. **Ändern Sie Ihre Einstellung**
   Nichts ist unveränderlich und für immer besiegelt. Nur wenn Sie daran glauben, dass Sie etwas schaffen können, dann funktioniert es auch. Eine positive und offene Grundeinstellung ist die Voraussetzung für Erfolg.

2. **Ändern Sie Ihren Fokus**
   Konzentrieren Sie sich nicht auf das richtige Endergebnis, konzentrieren Sie sich auf den korrekten Weg dorthin. Wenn Sie die richtigen Schritte lernen und ihnen folgen, führen diese Sie auch ins Ziel.

3. **Lernen Sie Fehler zu achten**
   Niemand hat jemals etwas Größeres geleistet, ohne Fehler zu machen. Fehler sind ein wichtiger Schritt beim Lernen. Fehler sind nötig, lernen Sie aus ihnen.

4. **Zeigen Sie Durchhaltewillen**
   Nichts geht ohne Training und harte Arbeit. Es bedarf vieler Schritte, um eine Fähigkeit wirklich zu meistern. Es ist noch kein Meister vom Himmel gefallen.
   Und zuletzt:

5. **Bleiben Sie immer neugierig!**

Diese fünf Grundregeln helfen Ihnen nicht nur beim Gehirntraining, sondern auf in jeder Lebenslage.

2. 1. Training für das Gedächtnis – hilft das?

In jeder Zeitung, in vielen Zeitschriften, im Internet oder als Videospiele – überall werden Sie mit Kreuzworträtseln, Sudokus und anderen Gehirnjogging-Übungen zugeschüttet, die Sie geistig fit halten sollen. Ein wahrer Massenmarkt! Aber funktioniert das auch? Gibt es für die Wirkung von Gehirntrainings tatsächlich wissenschaftliche Belege? Um die Frage zu klären, habe ich fast 150 wissenschaftlichen Studien aus der ganzen Welt ausgewertet.

Das ernüchternde Fazit: In fast keiner der Studien konnten die Forscher einen merklichen Effekt von Gehirnjogging-Übungen auf die Leistungsfähigkeit des Gehirns bei alltäglichen Aufgaben nachwei-

Kreuzworträtsel, Sudokus und ähnliche Aufgaben machen zwar Spaß, sind aber ungeeignet, um die kognitiven Fähigkeiten des Gehirns wirksam zu trainieren.

sen. Die meisten bringen gar nichts oder höchstens einen sehr begrenzten Effekt bei der jeweils in der Übung trainierten Aufgabe. Machen Sie also eine Übung, in der Sie irgendwo blaue Quadrate finden müssen, können Sie danach schneller blaue Quadrate finden, aber sonst nichts. Irgendwelche positiven Auswirkungen auf Ihre kognitive Leistungsfähigkeit hat das nicht.

Der Grund für die fehlende Wirkung liegt vermutlich in der Art der Aufgaben. Kreuzworträtsel, Sudokus, Kopfrechenaufgaben und die meisten Gehirnjogging-Übungen zielen lediglich auf sehr begrenzte Fähigkeiten. Sie können sich aber nicht auf die kognitiven Fähigkeiten im Allgemeinen auswirken. „Das Gedächtnis und all die anderen komplexen Fähigkeiten des Gehirns, auf die es in der Realität wirklich ankommt, können davon nicht profitieren", erklärt auch Dr. Sandra Bond-Chapman, Direktorin des Zentrums für Gehirngesundheit an der Universität von Texas.

Studie an 3.000 Senioren: Training zeigt erstaunliche Wirkung

Im Gegensatz dazu steht eine sehr interessante Studie, die ich auf den Seiten der John Hopkins Universität in Baltimore gefunden habe.

Die amerikanischen Wissenschaftler untersuchten an fast 3.000 gesunde Männern und Frauen über 65 Jahren, ob sich Gedächtnis und andere geistige (kognitive) Fähigkeiten trainieren lassen.

Die Probanden nahmen an einem fünfwöchigen Kurs mit zwei Stunden mentalem Training pro Woche teil. Der Kurs wurde von professionellen Trainern geleitet und trainierte

- das Gedächtnis,
- die Problemlösungsfähigkeit oder
- die Auffassungsschnelligkeit

der Probanden. Und wie üblich gab es eine Kontrollgruppe ohne Training.

Das Ergebnis: 87 Prozent der Teilnehmer in der Gruppe „Auffassungsschnelligkeit" zeigten nach dem Kurs verbesserte kognitive Fähigkeiten. In der Gruppe „Problemlösungsfähigkeit" verbesserten sich 74 Prozent. In der Gruppe für „Gedächtnisschulung" waren es immerhin noch 26 Prozent. Diese deutlich geschärften Fähigkeiten bei der geistigen Wahrnehmung und der Problemlösung blieben erstaunlicherweise noch zehn Jahre nach dem Training erhalten! Nur der Gedächtniseffekt hielt nicht so lange (ohne weiteres Training) an.

Fazit: Gehirntraining ist doch möglich

Sie sehen also: In gewissem Umfang kann Training tatsächlich helfen, das Gedächtnis und andere kognitive Fähigkeiten zu verbessern. Es muss aber das richtige – wissenschaftlich fundierte – Training sein. Die Gehirntrainings in dieser Studie wurden nach neurowissenschaftlichen Kriterien entwickelt und durchgeführt und sind nicht mit dem zu vergleichen, was Sie in Ihrer Fernsehzeitschrift finden. Weiteres Ergebnis: Das Gedächtnis ist besonders schwierig zu trainieren und der Trainingseffekt hält hier auch nicht so lange an; zumindest, wenn man nicht kontinuierlich trainiert. Eine besondere Herausforderung dürfte es dabei sein, Übungen zu finden, um die nachlassenden Fähigkeiten des alternden Gehirns auszugleichen und vielleicht sogar umzukehren. Diese müssen speziell auf die Bedürfnisse und Fähigkeiten älterer Menschen abgestimmt sein.

Welche Gehirnjogging-Übungen helfen wirklich?

Sinnvoll sind auf jeden Fall einfache Übungen, die man im Alltag leicht durchführen kann. Wenn Sie zum Beispiel an einer roten Ampel stehen, fahren Sie in Gedanken Ihren Weg zurück: Wie viele Kreuzungen haben Sie passiert? Wie viele Zebrastreifen? Oder fahren Sie im Geiste den vor Ihnen liegenden Weg ab. Wie viele Ampeln kommen noch? Wie oft müssen Sie rechts oder links abbiegen? Sie können sich einfach selbst solche Übungen ausdenken. Es hilft wirklich, schon eine geringe Trainingsdauer täglich ist effizient.

Viele Gedächtnistrainer empfehlen auch Gedichte, Telefonnummern, die Geburtstage aller Freunde oder was auch immer auswendig zu lernen. Der Gewinn für Sie ist dabei aber eher mäßig. Viel besser ist es, wenn Sie etwas lernen, wovon Sie auch im Leben einen Nutzen haben – zum Beispiel eine Fremdsprache. Die können Sie dann gleich im nächsten Urlaub anwenden.

In *Geistig FIT fürs ganze Leben* stelle ich Ihnen regelmäßig Übungen und Trainingsaufgaben vor, die nicht nur Spaß machen, sondern die Ihr Gedächtnis auch wirklich auf Trab bringen werden – garantiert!

3. Die Gedächtnis-Tricks der Meister – was sind Mnemotechniken?

Wie aber arbeiten Gedächtnisweltmeister wirklich? Es kann doch nicht nur Übung sein, sie müssen doch auch geheime Tricks haben, um so etwas zu leisten! Das haben sie tatsächlich und ich verrate Sie Ihnen auch: Gamm & Co. nutzen die sogenannten Mnemotechniken, um sich Dinge einzuprägen. Was heißt das?

„Quelle: Wikipedia"

Mnemosyne, die Personifikation des Gedächtnisses in der griechischen Mythologie. Sie hat den Mnemotechniken ihren Namen gegeben. Hier trägt sie die Lampe des Gedächtnisses. Ölgemälde von Dante Gabriel Rossetti.

Der Fachausdruck für die Kunst, das Gedächtnis zu verbessern, „Mnemonik", kommt von Mnemosyne, der Personifikation des Gedächtnisses. In der griechischen Mythologie ist sie die Tochter von Uranus und Gaia und die Mutter der neun Musen. Der Begriff „Mnemotechnik" steht für alle Methoden, die einem helfen, sich Informationen leichter ins Gedächtnis einzuprägen. Alle Gedächtnis- und Rechenkünstlern verwenden genau solche Methoden, um unglaubliche Mengen an Informationen zu memorieren. Für die meisten von uns bieten die Mnemotechniken aber einfach praktische Gedächtnishilfen, die wir uns im täglichen Leben zunutze machen können.

Mnemotechniken sind sehr alt. Schon die griechischen Redner im fünften Jahrhundert vor Christus kannten spezielle Tricks, um bei langen Vorträgen nicht den Faden zu verlieren. Ganz ähnliche Techniken entwickelten auch buddhistische Mönche, um ihre langen religiösen Texte zu behalten.

Ich möchte Ihnen hier die drei nützlichsten und leicht anzuwendenden Mnemotechniken vorstellen, nämlich die Loci-Technik, die Merkworttechnik und die Bilder-Assoziationstechnik.

3.1. Die Loci-Technik

Die Loci-Methode (loci ist Plural von lat. locus, der Ort) ist eine der ältesten Mnemotechniken. Sie wurde schon von römischen Rednern benutzt, die auf dem Forum Romanum, der öffentlichen Rednerbühne Roms, Ansprachen hielten. Daher wird diese Merktechnik auch *Forum-Romanum-Methode* genannt.

Die Loci-Methode beruht darauf, dass wir uns an vertraute Orte besonders gut erinnern. Mit diesen Orten assoziieren wir Informationen und verwenden das als Schlüssel, um diese Informationen wieder ins Gedächtnis zurückzurufen. Im Prinzip merken Sie sich also eine Reihe von Dingen, indem Sie sie mit bekannten Orten oder Wegen verknüp-

Die Loci-Methode wird auch Forum-Romanum-Methode genannt, weil sie von römischen Rednern entwickelt wurde, die in Rom auf dem Forum Romanum Reden hielten.

fen. Um diese Informationen ins Gedächtnis zurückzurufen, müssen Sie dann nur den Weg im Geiste abgehen und sich an die entsprechenden Orte (mit dem jeweiligen Gegenstand) erinnern. Das ist viel einfacher, als sich an die Gegenstände selbst zu erinnern.

Und so verwenden Sie die Loci-Technik

Im Grunde ist diese Methode ganz einfach. Ihre ersten Versuche sollten Sie in einer Umgebung beginnen, die Ihnen sehr vertraut ist, zum Beispiel in Ihrer Wohnung. Stellen Sie sich einige Räume in einer bestimmten Reihenfolge vor. Am besten beginnen Sie mit dem Eingangsbereich (1), gehen von dort ins Esszimmer (2), dann ins Wohnzimmer (3) und in die Küche (4) und als Letztes ins Schlafzimmer (5).

Bei der Loci-Technik verteilen Sie die Gegenstände, die Sie sich merken wollen, in Gedanken in Ihrer Wohnung. Gehen Sie später in Gedanken durch Ihre Wohnung, „finden" Sie alles wieder.

Sie sollten diese Orte klar und deutlich vor Ihrem inneren Auge sehen und sich diese vertrauten Punkte immer in derselben Reihenfolge vorstellen.

Wenn Sie später Erfahrung mit der Technik haben und mehr Schlüsselorte als Gedächtnishilfen brauchen, können Sie die Orte noch weiter unterteilen, zum Beispiel das Wohnzimmer in Sofa, Fernseher, Schrankwand, Couchtisch usw.

Dann müssen Sie die Objekte, die Sie sich merken wollen, in Gedanken mit den entsprechenden Orten in Ihrer Wohnung verbinden. Und zwar genau in der Reihenfolge, in der Sie sie behalten wollen. Sie wollen sich zum Beispiel eine Anzahl von Besorgungen einprägen, die in bestimmter Reihenfolge zu erledigen sind:

- Sie wollen zuerst zur Bank und Geld abheben,
- dann ins Einkaufszentrum, Hundefutter kaufen,
- dann auf die Post, ein Päckchen aufgeben
- und anschließend in die Apotheke, Ihre Medikamente besorgen
- und am Schluss in die Reinigung, eine Hose abholen.

Wenn Sie den Gang zum Geldautomaten mit Ihrem Hauseingang (1) belegen, können Sie sich vorstellen, dass an der Magnettafel, die dort hängt, viele Geldscheine festgepinnt sind. Danach betreten Sie das Esszimmer (2) und sehen, dass auf dem Esstisch Ihr Hund sitzt und gerade den Kuchen vertilgt. Als Drittes betreten Sie das Wohnzimmer (3), in dem viele Pakete auf dem Sofa liegen. Dann in die Küche (4), wo lauter Pillen und Tabletten auf dem Boden verstreut sind, und als Letztes ins Schlafzimmer (5), in dem eine Hose ausgebreitet auf dem Bett liegt.

Das prägen Sie sich ein, indem Sie mehrfach im Geiste durch Ihre Wohnung gehen und sich das bildlich vorstellen. Zu Beginn brauchen Sie vielleicht einen Notizzettel. Wenn Sie sich aber alles gemerkt haben, gehen Sie ohne Notizzettel auf Einkaufstour. Anfangs, wenn Sie sich nicht ganz sicher fühlen, können Sie den Zettel auch mitnehmen, benutzen Sie ihn aber nur im Notfall. Sie werden sehen, dass Sie mit dieser Methode sehr schnell vertraut werden und sich darauf verlassen können.

Die Loci-Technik können Sie nicht nur für Einkaufs- oder Erledigungslisten verwenden, sondern Sie können sich auch den Ablauf einer Rede besser einprägen. Ja, Sie können auch einen Gedanken festhalten, der Ihnen gerade in den Kopf kommt und den Sie unbedingt fixieren möchten. Assoziieren Sie ihn mit einem Ort Ihrer Wohnung, dann können Sie sich Stunden oder Tage später wieder an den Gedanken erinnern, indem Sie sich den Raum vorstellen. Sie dürfen die Methode in der Zwischenzeit aber nicht noch einmal für etwas anderes verwendet haben.

Übung:

Sie sollen für das Jubiläum Ihres Vereins eine Ansprache halten. Sie müssen die Höhepunkte der Vereinsgeschichte gebührend würdigen, die Vorsitzenden, wichtige Mitglieder und Ereignisse usw. Nichts Wichtiges dürfen Sie vergessen. Mit der Loci-Methode kommen Sie ohne Spickzettel aus: Ordnen Sie jedem Gliederungspunkt Ihrer Rede einen auffälligen Punkt auf Ihrem Weg zu Ihrer Arbeitsstelle oder ins Vereinsheim zu. Legen Sie den Weg dann im Geiste zurück, dann fallen Ihnen die Punkte der Reihe nach wieder ein. Probieren Sie's mal!

3.2. Die Merkworttechnik

Die Merkworttechnik ist wahrscheinlich die am meisten genutzte Mnemotechnik. Sie wird häufig von Gedächtniskünstlern oder Menschen angewandt, die sich professionell mit Gedächtnistraining beschäftigen. Die Merkworttechnik ist nämlich sehr wirkungsvoll und kann zu erstaunlichen Ergebnissen führen.

Die Merkworttechnik heißt so, weil sie Merkwörter als „Anker" verwendet, an denen beziehungslose Wörter oder Gedanken, die man sich merken will, fixiert werden können. Diese Merkwörter dienen zwei Zielen:

- Sie tragen dazu bei, Informationen, die man behalten möchte, zu ordnen.
- Sie dienen als Erinnerungsstützen, wenn man sich diese Informationen später wieder ins Gedächtnis zurückrufen will.

Merkwörter veranschaulichen Zahlen:

Wichtig hierbei ist, dass die Merkwörter einen gewissen Bezug zur Zahl haben. Hier eine Liste von Merkwörtern, die die Zahlen 0 bis 9 symbolisieren könnten

0 = Ei
1 = Einbaum
2 = Zwillinge
3 = Dreirad
4 = Tisch (mit 4 Beinen)
5 = Hand
6 = Würfel
7 = 7 Zwerge
8 = Frau (Silhouette)
9 = Katze (9 Leben)

Sie können natürlich jedes dieser Merkwörter durch ein anderes ersetzen, das Ihnen näher liegt, zum Beispiel statt Katze, nehmen Sie Kegelspiel (9 Kegel), statt 7 Zwerge, das Siebengebirge.

Jetzt zeichnen Sie jedes Merkwort. Das muss nicht schön sein, es dient nur dazu, dass Sie es sich besser einprägen. Sobald sich bei Ihnen feste Assoziationen zwischen Zahlen und Merkwörtern entwickelt haben, testen Sie sich selbst. Stellen Sie sich jedes Merkwort vor, während Sie es laut aussprechen: Ei, Einbaum, Zwillinge, Dreirad, Tisch, Hand, Würfel, 7 Zwerge, Frau, Katze. Anschließend versuchen Sie es andersherum und stellen sich die Merkwörter für 5 , 4, 6, 8, 9, 2, 0, 3, 1 und 7 vor. Das üben Sie so lange, bis es sitzt.

Die Merkworttechnik am Beispiel einer Einkaufsliste

Angenommen, Ihre Einkaufsliste besteht aus zehn Einzelposten, die Sie behalten möchten: Karotten, Küchenwischtücher, Hundefutter, Milch, Bier, ein Arzneimittel, Buntstifte, Briefmarken und Reißnägel.

Setzen Sie jeden einzelnen Posten in Beziehung zu einem der Merkwörter, die Sie sich eben eingeprägt haben. Dabei sollten Sie allzu wirklichkeitsgetreue Bilder eher meiden. Die Effektivität der Merkworttechnik erhöht sich, wenn Sie Bildkombinationen verwenden, die durch Übertreibung oder Irrealität fast schon lächerlich wirken. Sie könnten sich zum Beispiel Ihre Einkaufsliste so einprägen:

In einem Einbaum (1) liegt eine riesige, orange *Karotte*. Ein im Gesicht völlig verschmiertes Zwillingspaar (2) versucht, sich mit *Küchenwischtüchern* zu säubern. Eine Dose *Katzenfutter* flüchtet auf einem Dreirad (3) vor einer Meute Katzen. Auf Ihrem Wohnzimmertisch (4) ist eine Packung *Milch* umgekippt und ausgelaufen. Mit Ihrer bloßen Hand (5) köpfen Sie eine *Bierflasche*. In der Apotheke müssen Sie eine Sechs würfeln (6), bevor man Ihnen das *Medikament* verkauft. Die sieben

Zwerge (7) ziehen in den Steinbruch, jeder hat einen *Buntstift* geschultert anstelle von Pickel und Schaufel. Der Körper einer nackten Frau (8) ist über und über mit *Briefmarken* beklebt. Eine Katze (9) springt jaulend über den Boden, der mit *Reißnägeln* übersät ist.

Wenn Sie nun die Merkwörter für 1–9 durchgehen und zuerst an den Einbaum denken, sehen Sie die Möhren vor sich, denken Sie Zwillinge, sehen Sie die Küchenwischtücher, beim Dreirad denken Sie an das Katzenfutter usw. Die Merkwörter sorgen für Ordnung und dienen als Schlüsselbilder, die leicht vorstellbar sind und Ihr Interesse wachhalten.

Einkaufslisten eignen sich sehr gut, um sie sich mit der Merkworttechnik einzuprägen. Man braucht sie recht häufig und sie sind jedes Mal unterschiedlich.

Andere Anwendungen der Merkworttechnik

Mit Hilfe des Merkwortsystems können Sie sich also Informationen sicher und effizient einprägen. Jedes Merkwort ist ein Anker, mit dem Sie sich den zugeordneten Begriff ins Gedächtnis zurückrufen können. Sie müssen nur an das Merkwort denken, um ihn zu finden. Falls Sie die Merkwortreihe erweitern wollen, können Sie jede gewünschte Kombination aus den Ziffern bilden, zum Beispiel den Einbaum mit einem riesigen Ei beladen (10) oder die Zwillinge im Einbaum fahren lassen (12) usw. Die Merkworttechnik ist besonders nützlich für Auflistungen, wie Einkaufslisten, Erledigungen oder Ähnliches.

Zahlen merken mit der Merkworttechnik

Sie können sich natürlich auch Zahlenfolgen mit dieser Technik merken, zum Beispiel eine Telefonnummer oder die Geheimzahl Ihrer EC-Karte. Nehmen wir an, sie lautet 2489. Daraus machen Sie die kleine Geschichte: Die Zwillinge (2) saßen auf einem Tisch (4), da kam eine Frau (8) herein und schenkte ihnen eine Katze (9).

Übung:

Machen Sie aus Ihren Merkwörtern je eine Geschichte für:

- die Geheimzahl Ihrer EC-Karte
- den Geburtstag eines Bekannten, den Sie sich nicht merken können
- Ihre Handynummer (mit/ohne Vorwahl)
- und als Herausforderung: Ihre IBAN

3.3. Nie wieder Schall und Rauch – wie leichter Namen merken?

Sie treffen einen Bekannten, aber sein Name fällt Ihnen partout nicht mehr ein. Das kommt leider häufig vor. Und im Alter passiert uns dieses peinliche Malheur immer öfter. Warum ist das so? Und kann man etwas dagegen unternehmen? In diesem Kapitel habe ich Ihnen die besten Tipps zusammengestellt, damit Sie sich in Zukunft Namen besser merken können.

Namen sind schwer zu merken

Dass man sich so häufig an den Namen von jemandem nicht mehr erinnern kann, liegt in der Struktur unseres Gedächtnisses begründet.

Namen sind sehr schwer zu merken und verschwinden im Alter als Erstes. Es gibt aber einige Tricks, die Ihnen weiterhelfen können.

Ihnen ist sicher schon aufgefallen, dass Sie zwar das Gesicht einer Person wiedererkennen, ja sich sogar an irgendwelche Details erinnern, wie den Ort und die Gelegenheit, wann Sie diese Person das letzte Mal getroffen haben. Aber der Name, der bleibt im Dunkeln.

Das Problem entsteht dadurch, dass unser Gehirn in Zusammenhängen denkt und erinnert. Für das Gehirn ist es einfach, wenn es sich merken soll, dass wir eine Person das letzte Mal auf dem Fußballplatz gesehen haben. Dass sie einen Sohn hat, der im gleichen Alter ist wie unser Sohn. Und dass dieser in der gleichen Mannschaft spielt. Sein Name aber ist völlig willkürlich. Er könnte Fritz, Franz oder mit der gleichen Wahrscheinlichkeit auch Hans oder Hubert heißen. Hier hat das Gehirn keinerlei Anhalts- oder Verknüpfungspunkte.

Namen verschwinden im Alter als Erstes

Wenn wir altern, funktioniert unser Gedächtnis immer schlechter, und Namen sind wohl mit das Erste, was uns verloren geht. Warum das so ist, weiß man nicht. Ich kann Ihnen aber vier Tricks vorstellen, die Ihnen helfen können, sich Namen besser zu merken.

Sie sollten jedoch immer bedenken: Jeder hat Schwierigkeiten, sich Namen zu merken. Wenn Ihnen also ein Name nicht mehr einfällt, muss Ihnen das nicht peinlich sein. Und wenn jemand Ihren Namen vergessen hat, sollten Sie ihm das auch nicht übel nehmen.

4 Tricks, um sich Namen besser merken zu können

1. Hören Sie zu!

Wenn Sie sich den Namen von jemandem merken wollen, müssen Sie die Person in den Fokus Ihrer Aufmerksamkeit stellen. Sehen Sie sich die Person genau an, hören Sie ihr zu, stellen Sie ihr Fragen. Das beherzigen wir häufig nicht, aber es ist die Grundvoraussetzung. Wenn Sie geistesabwesend sind und sich nicht auf Ihr Gegenüber konzentrieren, fliegt der Name einfach an Ihnen vorbei. Er hat keinerlei Chance, in Ihrem Gedächtnis haften zu bleiben. In diesem Fall hilft nur: Nochmals nach dem Namen fragen und diesmal die Aufmerksamkeit fokussieren und zuhören.

2. Wiederholen Sie den Namen mehrfach!

Wenn Sie jemanden kennenlernen, verwenden Sie seinen Namen während des Gesprächs mit ihm so häufig wie möglich. Sagen Sie zum Beispiel nicht einfach: „Wo wohnen Sie?", sondern: „Wo wohnen Sie, Frau Peters?" oder: „Frau Peters, haben Sie schon..." Auch in einer kurzen Unterhaltung können Sie den Namen Ihres Gesprächspartners mehrere Male dezent einbauen. Dadurch erleichtern Sie Ihrem Gehirn das Abspeichern erheblich. Wenn Sie den Namen vier- oder fünfmal wiederholt oder mehrmals gehört haben, werden Sie ihn mit viel größerer Wahrscheinlichkeit behalten.

3. Verknüpfen Sie den Namen mit prägnanten Eigenschaften!

Wie oben erwähnt, erinnert sich das Gehirn besser an konkrete Bilder als an abstrakte Namen. Versuchen Sie bei der Person, deren Namen Sie sich merken wollen, einige auffällige und einprägsame Charakteristika herauszufinden. Diese verknüpfen Sie gedanklich mit dem Namen. Das kann der Beruf sein, Hobbys, Interessen, besondere äußerliche Merkmale, alles, was Ihnen spontan auffällt. Aber nicht vergessen, unbedingt den Namen gedanklich damit zu verknüpfen: „Herr Müller hat eine große Nase", sonst wissen Sie später nur noch: „Das war der Typ mit der großen Nase, wie hieß der nochmal?" Außerdem besteht sonst die Gefahr, dass Sie sich vor lauter Einpräghilfen einen Namen falsch merken. So versucht Frau Müller in einer bekannten Scherzgeschichte, sich den wohlbeleibten Herrn Mampe durch die Assoziation mit Wampe zu merken. Am nächsten Tag trifft Frau Müller ihn wieder und begrüßt ihn freundlich: „Guten Tag, Herr Bauch!".

4. Schummeln Sie!

Der vierte Tipp ist als Merktechnik vielleicht etwas überraschend: Schreiben Sie sich die Namen auf. Wenn Sie sich den Namen einer Person merken wollen, machen Sie sich nach dem Gespräch eine Notiz mit dem Namen und den wichtigsten Fakten. Gehen Sie später irgendwohin, wo Sie diese Person wieder treffen könnten, lesen Sie sich vorher die Gesprächsnotiz durch. Geschriebenes ist eine wunderbare Stütze fürs Gedächtnis, besonders wenn man es, kurz bevor man es braucht, nochmals gelesen hat.

Und wenn das alles nichts hilft, fragen Sie höflich ein zweites Mal nach dem Namen. Die meisten Menschen werden Ihnen nicht böse sein und es vielleicht sogar als ernsthaftes Interesse an ihrer Person interpretieren.

Übung:

Schreiben Sie die Namen von fünf bekannten Personen auf und suchen Sie deren hervorstechende Gesichtszüge oder andere Merkmale. Versuchen Sie, Assoziationen zwischen Namen und Merkmalen herzustellen.

Dann machen Sie das Gleiche mit den Namen von Personen, die Sie erst kürzlich kennengelernt haben.

Namen zu merken ist vor allem dann schwierig, wenn man es mit einer größeren Gruppe auf einmal zu tun hat. Zum Beispiel auf einer Party, oder wenn Sie als Lehrer in eine fremde Klasse kommen oder als neues Mitglied in einen Verein oder eine Volkshochschulgruppe.

3.4. Die Bild-Assoziations-Technik

Für solche Aufgaben eignet sich eine andere Merktechnik, die Bild-Assoziations-Methode. Hier gehen Sie folgendermaßen vor: Sie treffen jemanden neu und erfahren seinen Namen. Prägen Sie sich das Gesicht Ihres Gegenübers möglichst gut ein. Gleichzeitig versuchen Sie, irgendein Bild mit dem Namen zu verknüpfen. Denn wie Sie gehört haben, merkt sich das Gehirn Bilder viel besser als Fakten. Das Bild, das Sie wählen, darf ruhig absurd, unkonventionell oder weit hergeholt sein. Wichtig ist vielmehr, dass Sie gleich die erste Assoziation nehmen, die Ihnen in den Sinn kommt, denn an diese wird sich Ihr Gehirn auch am schnellsten wieder erinnern.

Manche Namen können sofort bildliche Vorstellungen hervorrufen, Herr Müller – eine Windmühle, Herr Meier – Eier, Frau Krebs – das Tier. Wenn der Name aber keine bildgebende oder gegenständliche Bedeutung hat, wird es schon schwieriger. Dann ist freie Assoziation angesagt! Bei Herrn Göß könnte man sich eine böse Geiß vorstellen oder bei Frau Elsen vielleicht an Elfen und Eisen denken. Bei vielen ausländischen, wie türkischen oder osteuropäischen Namen hilft es manchmal, den Namen zu zerlegen, so dass sich mehrere kurze und möglichst anschauliche Wörter ergeben. Den Namen Rosinsky könnte man zum Beispiel in Rosine und Ski zerlegen.

Denken Sie unkonventionell „wie ein Kind“, lassen Sie Ihrer Fantasie und Kreativität freien Lauf. Es kostet am Anfang einige Überwindung, aber wenn es ein-, zweimal geklappt hat, wird Ihr Gehirn von selbst „einfordern“, dass Sie sich Namen auf diese Art und Weise merken, weil es eben so gut funktioniert. Und – Ihr „Opfer“ – muss die Assoziation ja nie erfahren.

Wie Sie sehen, assoziieren Sie bei dieser Technik den Namen selbst mit einem Bild, nicht wie bei der vorhergehenden Methode, die Charakteristika der Person. Welche Methode Ihnen mehr liegt, um sich neue Namen zu merken, müssen Sie selbst ausprobieren. Ich persönlich benutze beide, je nachdem, was gerade besser passt.

Übung:

Finden Sie Bild-Assoziationen als Merkhilfe für folgende Namen:

Abelmann, Barrelmeyer, Campbell, Damschröder, Eilert, Flaskamp, Gelbricht, Hagemeyer, Kastenbutt, Laumann, Marzinowski, Numberger, Ventur.

3.5. Merkwörter, Merksätze und Eselsbrücken

Auch Merkwörter (Akronyme) sind für Namen geeignet. Sie sind zum Beispiel auf einer Party und wollen sich die Namen der anderen Gäste merken. Bilden Sie einfach aus den Anfangsbuchstaben der Namen ein Merkwort. Aus den Namen Birgitt, Richard, Anne, Ina und Norbert entsteht so das Merkwort „Brain". Ich selbst halte allerdings zum Merken von Namen die beiden vorhin besprochenen Methoden für nützlicher.

Für manch andere Anwendungen eignen sich Merksätze aber gut. Ich habe in diesem Kapitel einige Beispiele gesammelt.

Sie können sich aber nach diesem Muster sehr leicht selbst Merksätze ausdenken, wenn Sie sich irgendwelche Reihen von Begriffen merken wollen. Dazu bilden Sie aus den Anfangsbuchstaben der Begriffe, die sie sich merken wollen, einen mehr oder weniger sinnvollen Satz. Ein bekanntes Beispiel ist der Merksatz zum Lernen der acht Planeten:

Merkur-**V**enus-**E**rde-**M**ars-**J**upiter-**S**aturn-**U**ranus- **N**eptun

ergibt den Merksatz:

Mein **V**ater **e**rklärt **m**ir **j**eden **S**onntag **u**nseren **N**achthimmel

Oder die Spektralfarben von lang- nach kurzweilig:

Rot, Orange, Gelb, Grün, Blau, Indigo, Violett

Richard ohne Geld grüßt Blüten in Violett

Auch geographische Fakten werden oft in Merksätze gefasst:

Ostfriesische Inseln:

Wangerooge, Spiekeroog, Langeoog, Baltrum, Norderney, Juist, Borkum
Welcher Sportler liegt bis neun im Bett

Nordfriesische Inseln:

Nordstrand, Pellworm, Amrum, Föhr, Sylt
Natürlich Pelle, der alte fröhliche Seebär.

Amerikanische Seen von West nach Ost:

Oberer See, Michigansee, Huronsee, Eriesee, Niagarafälle, Ontariosee
Oma macht heute einen nassen Obstkuchen

Die Himmelsrichtungen, oben beginnend und im Uhrzeigersinn:

Norden, Osten, Süden, Westen
Nicht Ohne Seife Waschen

Oder aus der Politik:

Bundeskanzler von 1949 bis jetzt:
Adenauer, Erhard, Kiesinger, Brandt, Schmidt, Kohl, Schröder, Merkel
Alle ehrlichen Kanzler brauchen scheinbar keinen Schlaf – merkwürdig!

Bundespräsidenten:
Heuss, Lübke, Heinemann, Scheel, Carstens, Weizsäcker, Herzog, Rau, Köhler, Wulff, Gauck
In einem **Heuss** in **Lübke** wohnte **Heinemann** mit einem gelben **Scheel**. Sein Name war **Carstens** und er sammelte **Weizsäcker** für den **Herzog**. Doch der war so **Rau** zu ihm, da gab er sie dem **Köhler** und seinem **Wulff** und wurde selbst **Gaukler**.

Den letzten Merksatz habe ich mir ausgedacht. Er ist zugegebenermaßen etwas schwieriger, aber wenn Sie ihn gelernt haben, können Sie auch an „Wer wird Millionär?" teilnehmen.

Sicheres Passwort erstellen und merken

Eine Abwandlung der Merksatzmethode eignet sich ganz prima dazu, ein sicheres Passwort zu erstellen und es sich sogar zu merken. Denken Sie sich einen Satz aus wie zum Beispiel:

Ich spiele jeden Mittwoch um 8 Uhr 30 für 5€ Xylophon!

Nehmen Sie nun die Anfangsbuchstaben der Wörter, die Zahlen und das Satzzeichen, so erhalten Sie ein perfektes Passwort:

IsjMu8U30f5€X!

Dieses Passwort ist sehr sicher, da kaum zu erraten. Trotzdem können Sie es jederzeit einfach bilden, indem Sie sich Ihren Merksatz vorsagen, der leicht zu merken ist.

Eselsbrücken

Wer Informationen in kleine Reime verpackt, also im akustischen Gedächtnis speichert, kann sie sich leichter merken. *Drei-drei-drei, bei Issos Keilerei*, kennen Sie sicher. Man merkt sich die Information nicht direkt, sondern über den Umweg – die Eselsbrücke. Der Nachteil ist, dass Eselsbrücken oft umständlich sind und die Information nicht in einen sinnvollen Zusammenhang bringen. Wer nur den Spruch kennt, weiß nicht, wer bei Issos gegen wen und warum gekämpft hat. Trotzdem sind Eselsbrücken gut geeignet, wenn man sich bestimmte Fakten, die man häufiger braucht, partout nicht merken kann. Zum Beispiel den Unterschied zwischen konvex und konkav:

Ist das Mädchen brav, bleibt ihr Bauch konkav, wird ihr Bauch konvex, hatte sie wohl Sex.

Der Name Eselsbrücke kommt angeblich daher, dass Esel nicht gern durchs Wasser gehen. So baute man für die Lasttiere spezielle Brücken. Genau wie unsere Eselsbrücken erforderten diese Brücken einen kleinen Umweg, der aber schneller zum Ziel führte.

Hier habe ich Ihnen die besten Eselsbrücken, die ich finden konnte, thematisch sortiert. (Und ein paar Merksätze sind auch dabei.)

Deutsch

Wer nämlich mit H schreibt, ist dämlich

Gar nicht wird gar nicht zusammengeschrieben

Wer brauchen ohne zu gebraucht, braucht brauchen gar nicht zu gebrauchen

Wenn „wider" nur „dagegen" meint, dann ist das e dem i der Feind

Wenn „wieder" nur „noch einmal" meint, dann sind dort e und i vereint.

Wenn zwei das Gleiche tun, ist es noch lange nicht dasselbe.

Zwei verschiedene Dinge können sich nur gleichen – nicht selben!

Eine Maschine hat nichts mit einer Schiene zu tun!

Mathematik

Differenzen und Summen kürzen nur die Dummen

Innen hat die Kugelei: vier Drittel Pi mal r hoch drei

Und was sie auf dem Buckel hat, ist vier mal Pi mal r Quadrat.

Die Klammer sagt „Zuerst komm ich!"
Rechne sonst: „Potenz, vor Punkt, vor Strich"
Und was noch nicht zu rechnen dran,
das schreibe unverändert an.

Die Ordinate geht nach oben, auf die Abszisse kann man absitzen.

Immer die jeweils im Alphabet vorn und hinten stehenden Bezeichnungen gehören zusammen: x zu Abszisse und y zu Ordinate.

Römische Zahlen:

I = 1, V = 5, X = 10, L = 50, C = 100, D = 500, M = 1.000

In Vielen X-beliebigen Lagern Campen Die Mädchen
Ich verkaufe X – Leuten Comics der Maus.

Physik

Beim Kondensator eilt der Strom vor, bei Induktivität ist der Strom zu spät.

Leistung = Arbeit durch Zeit
P = W / t
Paula gleitet Wild durchs tal

Ohmsches Gesetz: U = Spannung, R = Widerstand, I = Stromstärke
U = R*I
URI

R = U / I
Rudi (R = U durch I)

Geschichte

333 v. Chr. Schlacht bei Issos
Drei-drei-drei, bei Issos Keilerei

44 v. Chr. Ermordung Caesars
Vier, vier, Caesar weilt nicht mehr hier.

753 v. Chr. Gründung Roms
Sieben, fünf, drei – Rom schlüpft aus dem Ei

476 n. Chr. Ende des Weströmischen Reichs
Vier, sieben, sechs und Rom war ex.

1492 Entdeckung Amerikas
Eins vier neun zwei Amerika schlüpft aus dem Ei

1618 Beginn des 30-Jährigen Krieges
Sechzehnhundertzehn und acht – ab jetzt dreißig Jahre Schlacht

1483 Geburt Martin Luthers (= 1500–17), 1517 Thesenanschlag (1500+ 17), 1534 die Bibel auf Deutsch (1517+17)

17 vor und 17 nach – sind dem Luther seine Tach

Geografie

Brigach und Breg bringen die Donau zuweg

Iller, Isar, Lech und Inn fließen rechts zur Donau hin, Altmühl, Naab und Regen kommen ihr von links entgegen

Wo Fulda sich und Werra küssen, sie ihren Namen büßen müssen. Und hier entsteht durch diesen Kuss, deutsch bis zum Meer der Weserfluss

Längengrade sind alle gleich lang und laufen längs

Im Osten geht die Sonne auf, im Süden ist ihr Mittagslauf, im Westen wird sie untergehen, im Norden ist sie nie zu sehen

Tiere

Afrikanische Elefanten haben lange Ohren
Indische Elefanten haben winzige Ohren

Musik

Gitarrensaiten: Eine Alte Deutsche Gitarre Hält Ewig

Geigensaiten: Geh Du Alter Esel

Notenlinien: Es Geht Hurtig Durch Fleiß

Quintenzirkel: Geh Du Alter Elefant, Hole FISe CIStronen

Stimmlagen: Sopran, Mezzosopran, Alt, Tenor, Bariton, Bass
Susi meidet alte Tenöre, besser Bass

Astronomie

Die acht Planeten von der Sonne aus:
Merkur-**V**enus-**E**rde-**M**ars-**J**upiter-**S**aturn-**U**ranus- **N**eptun
Mein **V**ater **e**rklärt **m**ir **j**eden **S**onntag **u**nseren **N**achthimmel

oder mit dem Ex-Planeten Pluto:

Mein **V**ater **e**rklärt **m**ir **j**eden **S**onntag **u**nsere **n**eun **P**laneten

Mondphasen:

Sieht der Mond aus wie ein „größer als" Zeichen > Ↄ, dann ist er morgen größer (zunehmend).
Sieht er aber wie ein „kleiner als" Zeichen < C aus, dann wird er morgen kleiner sein (abnehmend)

oder:

(= Klammer auf, der Mond nimmt ab
) = Klammer zu, der Mond nimmt zu

Biologie

Fettlösliche Vitamine: E, D,K, A
EDeKA

Die acht essentiellen Aminosäuren:

Phenylalanin, Isoleucin, Threonin, Methionin, Leucin, Valin, Lysin, Tryptophan
Phänomenale Isolde trübt mitunter Leutnant Valentins liebliche Träume

Die durchschnittliche Länge einer Schwangerschaft bei Menschen beträgt 268 Tage
Zwei hatten Sex und gaben dabei nicht Acht

Chemie

Nie das Wasser in die Säure, sonst geschieht das Ungeheure!

Elektronegativität absteigend sortiert: O (Sauerstoff), N (Stickstoff), C (Kohlenstoff), H (Wasserstoff)
Ottos Neonfisch changiert heftig

Die Kathode ist nekativ.

Die Gleichung für ideales Gas lautet: p * V = n * R * T
Peter und Valk sind (=) das neue RettungsTeam

Medizin

Venen sind die, die sich nach dem Herzen sehnen (führen hin).

Arterien machen vom Herzen Ferien (gehen weg).

3.6. Aktuell aus der Forschung: Wie kann ich doppelt so schnell lernen?

Bisher haben wir nur vom Faktengedächtnis (dem deklarativen Gedächtnis) gesprochen. Wie sieht es aber mit dem Verhaltensgedächtnis aus (dem prozeduralen Gedächtnis)? Sicher wollten Sie auch schon mal eine neue Fertigkeit lernen, ein Musikinstrument zum Beispiel, eine Sportart, Tanzen, Yoga oder Rückenübungen. Je älter man wird, desto mühsamer ist das. Könnte man den Lernprozess nicht irgendwie vereinfachen oder beschleunigen? Bisher war man der Ansicht, die beste Strategie sei es, ein und dasselbe immer und immer wieder identisch zu wiederholen. Ganz nach der Devise: „Übung macht den Meister".

Neue Methode: Doppelt so schnell lernen!

Vor kurzem erschien in der Fachzeitschrift *Current Biology* eine neue Studie, die einen ganz anderen Weg aufzeigt, und zwar einen doppelt so schnellen! Nach dieser Studie ist es viel effektiver, das Trainingsregime zu variieren und *gerade nicht* immer wieder gleich zu wiederholen. So kann man die Lerngeschwindigkeit erhöhen – und zwar bis zum Doppelten, behaupten die Wissenschaftler von der John Hopkins Universität in Baltimore. Was genau haben die Forscher gemacht?

Die Wissenschaftler rekrutierten Freiwillige, die eine bestimmte Aufgabe erlernen sollten: Sie mussten lernen, den Cursor auf einem Bildschirm nicht wie üblich mit einer Maus, sondern durch Drücken eines kleinen, berührungsempfindlichen Kontrollgeräts zu bewegen. Die Probanden wurden in drei Gruppen eingeteilt:

Die Kontrollgruppe erhielt nur eine einzige Trainingseinheit von 45 Minuten Dauer.

Amerikanische Wissenschaftler entdeckten eine Methode, mit der man neue Fertigkeiten doppelt so schnell erlernen kann wie bisher.

Die zweite Gruppe erhielt eine gleich lange Trainingseinheit und – nach einer Pause von 6 Stunden – die gleiche Trainingseinheit noch einmal.

Dasselbe geschah bei der dritten Gruppe, allerdings wurde hier die Empfindlichkeit des Kontrollgeräts in der zweiten Trainingseinheit verändert. Die Versuchspersonen der dritten Gruppe mussten sich also beim zweiten Training plötzlich an die neuen Bedingungen anpassen.

Dieses Trainingsschema wurde zwei Tage lang durchgeführt. Am dritten Tag wurden alle drei Gruppen gebeten, die erste Trainingseinheit zu wiederholen, wobei das Kontrollgerät wieder auf die ursprüngliche Empfindlichkeit eingestellt wurde. Danach testete man bei jeder Gruppe, mit welcher Genauigkeit und Geschwindigkeit die Probanden den Cursor über den Bildschirm bewegen konnten.

Eigentlich sollte man erwarten, dass die dritte Gruppe bei dieser Aufgabe schlechter abschneidet als die zweite Gruppe. Denn bei der dritten Gruppe hatte man ja während des Trainings die Parameter geändert, was die Aufgabe schwieriger machen müsste. Aber die Forscher staunten nicht schlecht: Genau das Gegenteil war der Fall: Die dritte Gruppe zeigte am Ende des Experiments doppelt so gute Ergebnisse wie die zweite Gruppe. Am schlechtesten war natürlich die Kontrollgruppe.

Was lernen wir daraus? Abwechslung beim Lernen!

Wenn Sie etwas Neues lernen möchten, sollten Sie Folgendes beachten:

1. **Sie sollten die Aufgabe nicht immer in derselben Art und Weise üben, sondern jeweils in einer leicht modifizierten Version.**
   Auf diese Weise können Sie die Fähigkeit nicht nur besser, sondern auch schneller meistern.

2. **Die Änderungen sollten aber nur geringfügig sein.**
   Sie können zum Beispiel die Größe oder das Gewicht Ihres Sportgeräts von einer Trainingsstunde zur nächsten variieren – sich zum Beispiel leichte Gewichte umschnallen oder Ähnliches.

3. **Zu große Änderungen bringen keine Vorteile**.
   Also nicht zum Beispiel in einem Training Badminton statt Tennis zu spielen.

4. **Zwischen den Übungen unbedingt eine Pause von 6 Stunden lassen**.
   Diese Zeit braucht Ihr Gehirn und Ihr Gedächtnis, um die neuen Inhalte im Speicher festzuschreiben oder zu konsolidieren, wie der Fachmann sagt. In dieser Phase bilden oder stärken sich neue Verbindungen zwischen den Nervenzellen im Gehirn. Erst dadurch werden die neuen Gedächtnisinhalte gefestigt. In einer zweiten Trainingseinheit nach der Pause können Sie dann diese neuen Verbindungen aktivieren und die Aufgabe leichter durchführen.

Warum soll man die Trainingseinheiten modifizieren?

Auch konsolidierte Gedächtnisinhalte stehen nicht unverrückbar fest, sondern sind weiterhin modifizierbar. Wenn man, wie in diesem Experiment, die Bedingungen während der zweiten Trainingseinheit leicht verändert, dann rekonsolidieren sich die Gedächtnisinhalte, so die Forscher. Das heißt, die ursprünglichen Nervenverknüpfungen verändern sich leicht und werden dadurch noch gestärkt. Dadurch werden sie auch anpassungsfähiger und flexibler, wenn sich später die Bedingungen ändern sollten.

Obwohl diese Untersuchung nur eine einzige, sehr spezifische Aufgabe zum Inhalt hatte, können ihre Ergebnisse sicher auch für viele andere Situationen hilfreich sein. Die „Gedächtnis-Rekonsolidierungs-Methode", wie die Wissenschaftler der John Hopkins Universität sie nennen, kann mit Sicherheit auch Ihnen gute Dienste leisten, wenn Sie irgendeine Fertigkeit neu lernen.

4. Die 10 wichtigsten Tipps: Wie Sie Gehirn und Gedächtnis fit halten

Ein gutes Gedächtnis hängt nicht zuletzt von der Gesundheit und Vitalität Ihres Gehirns ab. Ob Sie als Student aufs Examen lernen. Ob Sie mitten im Berufsleben stehen und alles dafür tun, geistig optimal fit zu bleiben. Oder ob Sie als Senior Mittel und Wege suchen, Ihre grauen Zellen, Ihr Gedächtnis und Ihre geistige Leistungsfähigkeit möglichst lange zu erhalten. Das Gehirn ist Ihr wichtigstes Organ. Sie sollten alles dafür tun, dass es ihm gut geht und dass es ihm an nichts fehlt!

Um Ihnen dabei zu helfen, habe ich hier die zehn wichtigsten Ratschläge zusammengefasst. Diese sollten Sie unbedingt befolgen, wenn Sie bis ins hohe Alter geistig rege bleiben wollen.

1. Tipp: Trainieren Sie Ihr Gehirn

Mit dem Alter haben die Nervenzellen in Ihrem Gehirn Abermillionen von neuronalen Verschaltungen aufgebaut. Sie haben Fakten gelernt, können Probleme lösen und die verschiedensten Aufgaben bewältigen. Ruhen Sie sich darauf nicht aus! Verlassen Sie die ausgetretenen Pfade! Stellen Sie sich neuen Herausforderungen! Nur so wird Ihr Gehirn die Stimulation erhalten, die es für seine Entwicklung und sein weiteres Wachstum benötigt.

Trainieren Sie Ihr Gehirn also regelmäßig. Aber nicht, indem Sie jeden Tag Kreuzworträtsel oder Sudokus lösen, sondern durch vielfältige und abwechslungsreiche Aufgaben, die das Gehirn wirklich fordern und fördern. In *Geistig FIT fürs ganze Leben* zeige ich Ihnen, wie das geht.

Gerade der Umgang mit jüngeren Menschen stellt uns vor immer neue Herausforderungen, die uns geistig rege halten.

2. Tipp: Bleiben Sie in Bewegung

„Ein gesunder Geist in einem gesunden Körper." Das sagte schon der römische Dichter Juvenal. Und es stimmt: Wenn Sie Ihren Körper fit halten, hilft das auch Ihrem Gehirn und Ihrem Gedächtnis. Selbst wenn Sie sich nur leicht sportlich betätigen, hilft das. Sie müssen es nur regelmäßig tun! Körperliche Übungen verbessern die Sauerstoffversorgung Ihrer Nervenzellen. Außerdem reduzieren sie das Risiko für Krankheiten, die zu Gedächtnisverlust führen können wie Diabetes oder Herz-Kreislauf-Erkrankungen. Aber am wichtigsten: Bestimmte Übungen sind sehr förderlich für die Neuroplastizität. Das heißt, sie erhöhen die Konzentration an Nervenwachs-

Regelmäßige Bewegung ist einer der wichtigsten Faktoren, um Ihr Gehirn fit zu halten. Und Herz und Kreislauf natürlich auch.

tumsfaktoren und stimulieren die Bildung neuer neuronaler Verbindungen. In *Geistig FIT fürs ganze Leben* stelle ich Ihnen solche Übungen vor.

3. Tipp: Gönnen Sie sich genug Schlaf

Die meisten Menschen schlafen zu wenig oder Sie schlafen nicht richtig. Dabei ist Schlaf extrem wichtig für das Gehirn – und für das Gedächtnis sowieso. Wussten Sie, dass 95 Prozent der Erwachsenen jede Nacht zwischen 7,5 und 9 Stunden Schlaf benötigen, um einen Schlafmangel zu vermeiden? Schon geringfügig weniger Schlaf kann fürs Gehirn einen großen Unterschied machen. Gedächtnis, Kreativität

Ausreichend Schlaf ist extrem wichtig fürs Gehirn und besonders fürs Gedächtnis.

und die Fähigkeiten, Probleme zu lösen und kritisch zu denken, können durch Schlafmangel stark beeinträchtigt werden.

Der Schlaf ist aber für Lernen und Gedächtnis noch von grundlegenderer Bedeutung: Wie die Neurowissenschaften zeigen konnten, ist der Schlaf für die Konsolidierung (Festigung) der Gedächtnisinhalte entscheidend, und zwar vor allem die Tiefschlaf-Phasen. Erst hier gehen die Gedächtnisinhalte endgültig ins Langzeitgedächtnis über. Leiden Sie also häufig unter Schlafmangel, werden Sie auch ein schlechtes Gedächtnis haben. In *Geistig FIT fürs ganze Leben* zeige ich Ihnen, was für genügend Schlaf und Erholung wichtig ist.

4. Tipp: Pflegen Sie soziale Kontakte

Jetzt mal ein Tipp, mit dem Sie wahrscheinlich nicht gerechnet haben: Treffen Sie sich mit Freunden, gehen Sie aus, machen Sie Partys! Wie zahlreiche Studien belegen, sind soziale Aktivitäten jeglicher Art im wahrsten Sinne ein Fest für Gehirn und Gedächtnis.

Sie können intelligente Gespräche führen, geistig anregende Spiele, wie Skat, Schach oder Dame, spielen. Besuchen Sie Diskussionsveranstaltungen oder Gesprächskreise. Lassen Sie sich von anderen zu neuen Aktivitäten anregen. Wenn Sie darüber nachdenken, fällt Ihnen sicher viel ein.

Zahlreiche Studien belegen, dass soziale Aktivitäten auch ein Fest fürs Gehirn sind. Sie sollten sich natürlich beim Alkohol etwas zurückhalten.

5. Tipp: Lassen Sie sich nicht stressen

Stress ist einer der schlimmsten Feinde Ihres Gehirns. Anhaltender Stress zerstört mit der Zeit sogar die Gehirnzellen und schädigt den Hippocampus (die Gedächtnis-Region im Gehirn). Etliche wissenschaftliche Studien konnten schon zeigen, dass Stress mit Gedächtnisverlust verknüpft ist.

Aber auch für Ihr Herz-Kreislauf-System ist Stress Gift. Sie sollten also unbedingt Stress vermeiden und bekämpfen. In *Geistig FIT fürs ganze Leben* erkläre ich Ihnen, wie Sie das schaffen.

Häufiger Stress, egal ob beruflich oder privat, ist absolutes Gift für Gehirn und Gedächtnis.

„Lachen ist die beste Medizin." Das gilt auch fürs Gehirn.

6. Tipp: Lachen Sie Ihr Gehirn gesund

„Lachen ist die beste Medizin." Diese alte Volksweisheit hat inzwischen auch die medizinische Forschung bestätigt und sie gilt auch für Gehirn und Gedächtnis. Im Gegensatz zu anderen emotionalen Reaktionen, die auf einen bestimmten Gehirnbereich beschränkt sind, wirkt sich das Lachen viel umfassender aus. Wenn wir lachen, werden sehr viele unterschiedliche Bereiche des Gehirns angeregt, weit verteilt über die gesamte Großhirnrinde.

Wenn wir Witze hören oder uns Lustiges ausdenken, werden sogar Gehirnregionen aktiviert, die für Lernen und Kreativität verantwortlich sind. So schreibt der amerikanische Psychologe Daniel Goleman in seinem Buch *„Emotionale Intelligenz"*: „Das Lachen hilft uns anscheinend dabei, wreiter zu denken und freier zu assoziieren."

7. Tipp: Essen Sie gesund

Genau wie Muskeln, Herz und Knochen braucht auch das Gehirn spezielle Nährstoffe, die es am Leben erhalten und zu Höchstleistungen bringen. Aber welche Nahrung ist es, die unsere grauen Zellen besonders glücklich macht? Und welche Nahrung schadet unserem Gehirn sogar?

Nur die richtigen Nahrungsmittel und die richtige Zubereitungsweise hilft dem Gedächtnis.

Logisch, Früchte, Gemüse, Vollkornprodukte, Fisch, aber wenig Fleisch, das wird schon gesund sein, werden Sie denken. Aber hilft es auch Gehirn und Gedächtnis? Nur wenn Sie die richtigen Nahrungsmittel und die richtige Zubereitungsweise wählen und die falschen Lebensmittel reduzieren, leben Sie wirklich gehirngesund. In *Geistig FIT fürs ganze Leben* stelle ich Ihnen die Nahrungsmittel vor, die Ihr Gehirn braucht. Und ich warne Sie vor denen, die Ihrem Gehirn schaden können. Natürlich schlage ich Ihnen auch gesunde und leckere Rezepte vor.

8. Tipp: Vermeiden Sie Multitasking

Wenn Sie zum Beispiel im Internet surfen, sollten nicht nebenbei Radio oder TV laufen und Sie sich gleichzeitig mit Ihrem Partner unterhalten. Sie sollten ab sofort damit aufhören, mehrere Dinge gleichzeitig zu tun, und sich besser aufmerksam nur einer Sache widmen. Bei Menschen, die häufig Multitasking betreiben, schrumpft nämlich die graue Substanz im Gehirn! Das konnten Neurowissenschaftler des University College London nachweisen. In *Geistig FIT fürs ganze Leben* stelle ich Ihnen immer die neuesten Ergebnisse der interessantesten wissenschaftlichen Studien vor, die für Sie wichtig sind.

Angeblich konnte Napoleon sieben Dinge gleichzeitig. Heute weiß man, Multitasking ist schädlich.

9. Tipp: Finger weg von „Lerndrogen"

Lerndrogen sind Medikamente oder chemische Substanzen, die dafür sorgen sollen, dass man sich besser konzentrieren kann oder beim Lernen länger durchhält. Es gibt eine Reihe von Mitteln, die eigentlich für andere Anwendungen gedacht sind (zum Beispiel die Behandlung von ADS). Diese werden als Lerndrogen zweckentfremdet. Sie haben meist erhebliche Nebenwirkungen, können abhängig machen und sogar psychische Erkrankungen auslösen. Ihr Nutzen dagegen ist sehr begrenzt. Wenn überhaupt, steigern sie nur kurzfristig die Konzentrationsfähigkeit. In *Geistig FIT fürs ganze Leben* bespreche ich regelmäßig Nutzen und Risiken solcher „Hirndoping"-Mittel.

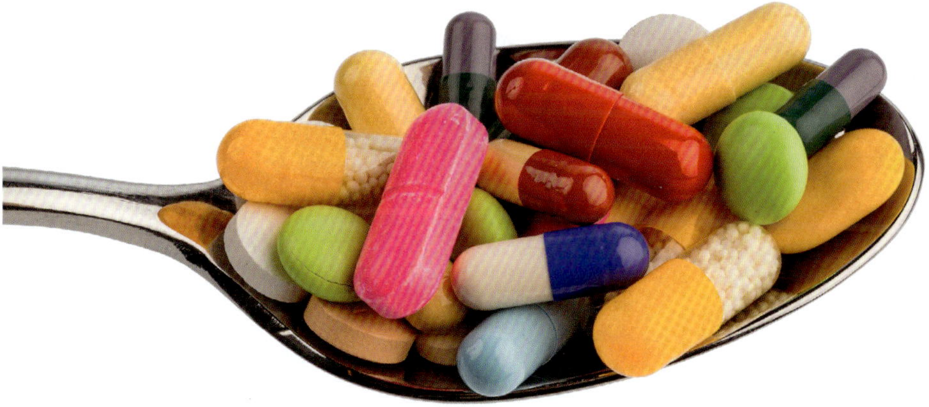

Nehmen Sie keine Arzneimittel gegen Vergesslichkeit und Konzentrationsstörungen ein. Das bringt nichts und schadet vielleicht Ihrer Gesundheit, auf jedem Fall Ihrem Geldbeutel.

10. Tipp: Lassen Sie Gesundheitsprobleme erkennen und behandeln

Haben Sie ernsthafte Gedächtnisprobleme? Haben Sie den Eindruck, dass Ihr Gedächtnis in letzter Zeit auffällig nachgelassen hat? Sprechen nahestehende Menschen Sie darauf an? Dann könnte vielleicht ein gesundheitliches Problem die Ursache sein; eine Erkrankung oder ein Problem in Ihrem Alltag.

Gedächtnisschwierigkeiten müssen nicht immer gleich Alzheimer bedeuten. Es gibt viele Erkrankungen psychischer und physischer Art – oder zum Beispiel auch die Nebenwirkungen von Arzneimitteln –, die Ihr Gedächtnis beeinträchtigen können. In jedem Fall sollten Sie Probleme frühzeitig von Ihrem Hausarzt abklären lassen.

Haben Sie das Gefühl, dass Ihr Gedächtnis in letzter Zeit auffällig nachgelassen hat, sollten Sie das auf jeden Fall von Ihrem Hausarzt abklären lassen.